Vente G. SERVANT

Les Lundi 3, Mardi 4, Mercredi 5, Jeudi 6 et Vendredi 7 Avril 1882

RUE VIEILLE-DU-TEMPLE, 137

MODÈLES

pour

BRONZES D'ART

De la Maison G. SERVANT

Fabricant de bronzes d'art à Paris

PAR SUITE DE CESSATION DE FABRICATION

EXPOSITION PUBLIQUE

Les Jeudi 30, Vendredi 31 Mars et Samedi 1er Avril 1882
de 10 heures du matin à 5 heures du soir

Mᵉ E. LECOCQ	M. BOUHON
COMMISSᵉ-PRISEUR	FABRICANT DE BRONZES
Rue de la Victoire, nᵒ 20	rue Debelleyme, nᵒ 12

PARIS — 1882

Ve RENOU, MAULDE et COCK

IMPRIMEURS DE LA COMPAGNIE DES COMMISSAIRES-PRISEURS

Rue de Rivoli, 144

CATALOGUE

DES

MODÈLES

POUR

BRONZES D'ART

DE TOUS STYLES

AVEC DROIT DE REPRODUCTION

Pour Groupes, Statuettes, Garnitures complètes de cheminée, Pendules
Candélabres, Vases, Coupes, Bustes, Jardinières, Torchères, Tables, Flambeaux
Lustres et Objets d'art divers, etc., etc.

PROVENANT

De la Maison G. SERVANT

Fabricant de Bronzes d'art à Paris

DONT LA VENTE AUX ENCHÈRES PUBLIQUES AURA LIEU

RUE VIEILLE-DU-TEMPLE, N° 137

Les Lundi 3, Mardi 4, Mercredi 5, Jeudi 6 et Vendredi 7 Avril 1882

A DEUX HEURES **PRÉCISES** DE RELEVÉE

Par le ministère de **Me ÉMILE LECOCQ**, Commissaire-Priseur,
rue de la Victoire, 20.

Assisté de **M. BOUHON**, Fabricant de bronzes, rue Debelleyme, 12.

CHEZ LESQUELS SE DISTRIBUE LE CATALOGUE.

EXPOSITION PUBLIQUE

Les Jeudi 30, Vendredi 31 Mars et Samedi 1er Avril 1882
de 10 heures du matin à 5 heures du soir.

———

PARIS — 1882

CONDITIONS DE LA VENTE

—

Elle sera faite au comptant.

Les Acquéreurs paieront CINQ POUR CENT en sus du prix d'adjudication.

Ils seront tenus de prendre la Fonte brute pour chacun des Modèles, au prix de **4** fr. **50** le kilogramme.

Le **Poids de Fonte** sera indiqué au moment de la mise en vente de chaque Modèle.

NOTA. — Tous les Modèles portés au présent Catalogue sont vendus avec droit de reproduction.

DÉSIGNATION

BORNES ET PIEDS

1 — Pendule **Phidias**.
Pied **Phidias**.

ROBERT frères, *sculpteurs*.

2 — Pendule **Repos**.
Pied **Repos**.

Avec addition de pièces pour pendule et pied **Palmes**.

ROBERT frères, *sculpteurs*.

3 — Pendule **François Ier**.
Pied **François Ier**.
Vase **Diamant**.
Bouquet **Ducerceau**.

Avec addition de pièces pour bout-de-table.

ROBERT frères, *sculpteurs*.

4 — Pendule **Thésée.**
Pied **Thésée.**

> ROBERT frères, *sculpteurs.*

5 — Pendule **Ducerceau.**
Pied **Ducerceau.**

> BRISSON, *sculpteur.*

6 — Pendule **Trianon,** n° **1.**

> ROBERT frères, *sculpteurs.*

7 — Pendule **Chimères Sphynx.**
Pied **Chimères Sphynx.**

> ROBERT frères, *sculpteurs.*

8 — Pendule **Danse de Mai.**
Pied **Danse de Mai.**

> ROBERT frères, *sculpteurs.*

9 — Pendule **Lever du jour.**

> Modèle Louis XVI ancien.

10 — Pendule **Trophée Louis XVI.**

> Modèle ancien.

11 — Pendule **Yeddo**, n°s 1 et 2.

Avec bande pour émail.

12 — Pendule **Dragons**.

Coupri, *sculpteur*.

13 — Pendule **Lauriers**.
Pied **Lauriers**.

Robert frères, *sculpteurs*.

14 — Socle **Secret**.
Socle **Feuilles grecques**.
Pied **Secret**.

Robert frères, *sculpteurs*.

15 — Pendule **à Masques**.
Pied **Feuille grecque** d'accompagnement.

Robert frères, *sculpteurs*.

16 — Pendule **Galerie**.
Pied **Galerie**.

17 — Pendule **Campana**.
Pied **Campana**.

18 — Socle **Les Parques.**
      Pied **Les Parques.**

        Robert frères. *sculpteurs.*

19 — Pendule **Sphynx.**
      Pied   **Sphynx.**

20 — Pendule **Consoles Nydia.**
      Pied   **Consoles Nydia.**

21 — Borne **Héron.**
      Pied **Héron.**

22 — Pendule **Têtes de lion.**
      Pied   **Têtes de lion.**
      Pendule **Cornélie à ceinture.**
      Pied   **Cornélie à ceinture.**

23 — Pendule **Caracalla.**
      Pied   **Caracalla.**

        Robert frères, *sculpteurs.*

24 — Pendule et Pied **Gorge droite, n° 1.**
      Pendule et Pied **Têtes de panthères.**
      Deux angles   **Lion, n**os **1 et 2.**

25 — Pendule et Pied **Polymnie.**
Ecuelle **Grecque.**

26 — Pendules **Panache et Verroux.**
Pieds **Panache et Verroux.**

27 — Pendule **Antiope** n° 2.

28 — Pendule **Mascarons Louis XIV.**
Modèle ancien.

29 — Pendule **Thèbes.**
Pied **Hercule.**
ROBERT frères, *sculpteurs.*

30 — Pendule **Méduse.**
Pied **Méduse.**
LEVILLAIN, *sculpteur.*

31 — Pendule **Pilastres.**
Pied **Pilastres.**

32 — Pendule **Diane**.

> Robert frères, *sculpteurs*.

33 — Pendule **Jupiter**, nos 1 et 2.
Pied **Jupiter**, nos 1 et 2.

> Avec pièces et modèles d'émaux composant la pendule et le pied, panneaux émail.

> Robert frères, *sculpteurs*.

34 — Pendule **Ptolémée**.
Pendule **Edfou**.

> Picault, *sculpteur*.

35 — Garniture **Nubienne**, n° 1.
Guirlandes colonnes **Pœstum**.

36 — Pendules **Cariatide** et **Chimères S.**
Coupe **Trophonius**.

37 — Pendule **Sculpture**.
Groupe **Sculpture**.

> Figure de Salmson, *sculpteur*.

38 — Pendule **Cintrée**, n° 2.

39 — Socle **Charles IX**.

40 — Socle **Henri II**.

        Brisson, *sculpteur*.

41 — Pendule **Didon à listels**.
     Pied   **Didon à listels**.

42 — Pendule **Oiseaux japonais**.

        Moulages sur bronzes anciens.

43 — Socle **Louis XVI**.

44 — Pendule **Louis XVI**, à glaces.

        Modèle ancien, non terminé.

44 *bis* — Pendule et Pied **Parthénon**, n° 1.
        Pendule et Pied **Parthénon**, n° 2.

GARNITURES COMPLÈTES

45 — Pendule **Pallas**.
Pied **Pallas**.

Avec modèles d'émaux.

Robert frères, *sculpteurs*.

46 — Pendule **Furies**.
Candélabre **Trépied**.
Pied **Furies**.

Robert frères, *sculpteurs*.

47 — Pendule **Henri II**.
Candélabre **Henri II**.

Avec plaque et suport pour bras, pièces d'enfilage, pièces pour lampe, pied et pièces d'enfilage pour girandole à cristaux.

Robert frères, *sculpteurs*.

48 — Pendule **Faunes**.
Candélabre **Faunes**.

Piat, *sculpteur*.

49 — Pendule   **Versailles Louis XVI.**
Candélabre **Versailles Louis XVI.**

Avec vase de candélabre modifié et pièces pour
gaz.

Robert frères, *sculpteurs.*

50 — Pendule   **Leuis XII.**
Candélabre **Louis XII.**
Flambeau   **Louis XII.**

Robert frères, *sculpteurs.*

51 — Pendule   **Neptune.**
Candélabre **Buire** d'acompagnement.

Adjonction de pièces pour faire.

Lustre grec. 9 lumières.
Lustre grec, 6 lumières.

Robert frères, *sculpteurs.*

52 — Pendule   **Marie-Antoinette.**
Candélabre **Marie-Antoinette.**

Robert frères, *sculpteurs.*

53 — Pendule   **Dauphine Louis XVI.**
Candélabre **Dauphine Louis XVI.**
Pied   **Dauphine Louis XVI.**

Avec modèles d'émaux.

Brisson, *sculpteur.*

54 — Pendule   **Mercure Louis XVI**.
Candélabre **Mercure Louis XVI**.

COUPRI, *sculpteur*.

55 — Pendule   **Bijou.**
Vase   **Bijou.**
Candélabre **Bijou.**
Pied   **Bijou.**

Avec modèles d'émaux.

J. LIÈVRE, *dessinateur*.
ROBERT frères, *sculpteurs*.

56 — Pendule **Romane.**
Vase **Roman.**
Pied **Roman.**

Avec modèles d'émaux.

PICAULT, *sculpteur*.

57 — Pendule **Mazarin.**
Vase   **Mazarin.**
Pied   **Mazarin.**

BRISSON, *sculpteur*.

58 — Pendule   **Faucon.**
Candélabre **Faucon.**

DUCRAY, *sculpteur*.

59 — Pendule   **Byzantine.**
Bout-de-Table **Byzantin.**
Flambeau   **Byzantin.**

60 — Pendule   **Mikado.**
Candélabre **Mikado.**

R. Dinée, *sculpteur*.

61 — Pendule   **Chien de Fo.**
Vase   **Fo.**

R. Dinée, *sculpteur*.

62 — Pendule **Richelieu.**
Girandole **Richelieu.**
Flambeau **Richelieu.**

Brisson, *sculpteur*.

63 — Pendule   **Louis XIV.**
Candélabre **Louis XIV.**
Vase   **Louis XIV**, n° 1.

Brisson, *sculpteur*.

64 — Pendule   **Jean Goujon.**
Candélabre **Jean Goujon.**

65 — Pendule   **Pharaon.**
    Pied   **Pharaon.**
    Coupe   **Pharaon.**
    Candélabre **Isis** d'acompagnement.
    Bout-de-Table **Isis** d'acompagnement.

PICAULT. *sculpteur.*

66 — Pendule   **Cupidon.**
    Candélabre **Cupidon** à **vase** et à **enfant.**

Modèle Louis XVI ancien.

67 — **Lamartine et sa Pendule.**

—

CANDÉLABRES

68 — Candélabre **Mascarons.**

Avec modèle d'émaux.

ROBERT frères, *sculpteurs.*

69 — Candélabre **Trophonius.**

ROBERT frères *sculpteurs.*

70 — Candélabre **Hercule.**

Avec modèles d'émaux.

Robert frères, *sculpteurs.*

71 — Candélabre **Danse de Mai.**

Robert frères, *sculpteurs.*

72 — Candélabre **Nissia.**

Robert frères, *sculpteurs.*

73 — Candélabre **Buire Sacrifice à Cérès.**

Levillain et Robert frères, *sculpteurs.*

74 — Candélabre **Têtes de béliers.**

Brisson, *sculpteur.*

75 — Candélabre **Rinceaux.**

Avec vasque cuivre pour coupe.

Robert frères, *sculpteurs.*

76 — Candélabre **Anneaux.**

Robert frères, *sculpteurs.*

77 — Candélabre **Canope.**

> ROBERT frères, *sculpteurs.*

78 — Candélabre **Cernophore.**

> Avec pièces pour le gaz et appliques et supports pour bras.

79 — Candélabre **grec à lampes.**

> Avec pièces pour le gaz.
>
> MAURAGE, *sculpteur.*

80 — Candélabre **Olivier.**

81 — Candélabre **Col de cygne.**

> Avec pièces pour Candélabre **Coffret porcelaine.**

82 — Candélabre **Griffons.**
Candélabre **Palémon.**

83 — Candélabre **Campana,**

> Avec Faunes flûteurs antiques, sans branches.
> Se fait avec le bouquet n° 82.

84 — Candélabre **Lierres.**

ROBERT frères, *sculpteurs.*

85 — Candélabre **Vase athénien.**

LEVILLAIN, *sculpteur.*

86 — Candélabre **Pompéi.**

Avec addition pour miroir grec.

Figures de SALMSON, *sculpteur.*

87 — Candélabre et Flambeau **Masques.**

88 — Candélabre **Épis.**

ROBERT frères, *sculpteurs.*

89 — Candélabre **Pékin.**

COUPRI, *sculpteur.*

90 — Candélabre **Faune et Bacchante,** Clodion.

Non terminé.

Ancien.

GROUPES, FIGURES, STATUETTES

—

91 — Figure **Vénus armée.**

Emile HÉBERT, *sculpteur.*

92 — Groupe **Bellérophon,** n° 1.

Emile HÉBERT, *sculpteur.*

93 — Groupe **Bellérophon,** n° 2.

Emile HÉBERT, *sculpteur.*

94 — Figure **Danseuse Égyptienne,** 1re grandeur.

FALGUIÈRE, *sculpteur.*

95 — Figure **Danseuse Égyptienne,** 2e grandeur.

FALGUIÈRE, *sculpteur.*

96 — Figure **Danseuse Égyptienne,** 3e grandeur.

FALGUIÈRE, *sculpteur.*

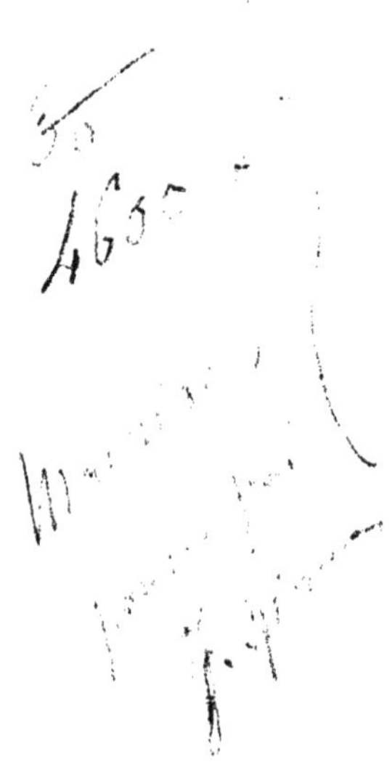

97 — Groupe **Oreste**, n° 1.

> MATHURIN-MOREAU, *sculpteur*.

98 — Groupe **Oreste**, n° 2.

> MATHURIN-MOREAU, *sculpteur*.

99 — Groupe **Oreste**, n° 3.

> MATHURIN-MOREAU, *sculpteur*.

100 — Statuette **Ange** et **Démon**.

> Mme Léon BERTAUX, *sculpteur*.

101 — Statuette **Œdipe**, n° 1.

> Emile HÉBERT, *sculpteur*.

102 — Statuette **Œdipe**, n° 2.

> Plâtre non encore édité.
> Emile HÉBERT, *sculpteur*.

103 — Statuette **Œdipe**, n° 3.

> Emile HÉBERT, *sculpteur*.

104 — Statuette **Œdipe**, n° 4.

Emile HÉBERT, *sculpteur*.

105 — Groupe **Eliézer** et **Rébecca**.

GUILLEMIN, *sculpteur*.

106 — Groupe **Cléopâtre**, n° 1.

DUMAIGE, *sculpteur*.

107 — Groupe **Cléopâtre**, n° 2.

DUMAIGE. *sculpteur*.

108 — Statuette **Salomé**, n° 1.

DUMAIGE, *sculpteur*.

109 — Statuette **Salomé**, n° 2.

DUMAIGE, *sculpteur*.

110 — Statuette **Salomé**, n° 3.

DUMAIGE, *sculpteur*.

111 — Groupe **Antiope**, n° 1.

Emile Hébert, *sculpteur*.

112 — Groupe **Antiope**, n° 2.

Emile Hébert, *sculpteur*.

113 — Groupe **Le Soir**, n° 1.

Dumaige, *sculpteur*.

114 — Groupe **Le Soir**, n° 2.

Dumaige, *sculpteur*

115 — Groupe **Le Soir**, n° 3.

Dumaige, *sculpteur*.

116 — Groupe **Héro**, n° 1.

Dumaige, *sculpteur*.

117 — Groupe **Héro**, n° 2.

Dumaige, *sculpteur*.

118 — Groupe **Héro**, n° 3.

DUMAIGE, *sculpteur*.

119 — Groupe **Fil de la Vierge**, n° 1.

Emile HÉBERT, *sculpteur*.

120 — Groupe **Fil de la Vierge**, n° 2.

Emile HÉBERT, *sculpteur*.

121 — Groupe **Les Parques**. (Parthénon).

Modelées et restituées par :

H. DUMAIGE, *sculpteur*.

122 — Groupe **Age d'Or**.

DUMAIGE, *sculpteur*.

123 — Figure **Minos**.

LEVILLAIN, *sculpteur*.

124 — Statuette **Thétis**, n° 1.

Emile HÉBERT, *sculpteur*.

125 — Statuette **Thétis**, n° 2.

Emile HÉBERT, *sculpteur.*

126 — Statuette **Thétis**, n° 3.

Emile HÉBERT, *sculpteur.*

127 — Statuette **Sésostris**, n° 1.

PICAULT, *sculpteur.*

128 — Statuette **Sésostris**, n° 2.

PICAULT. *sculpteur.*

129 — Statuette **Nitocris**, n° 1.

PICAULT. *sculpteur.*

130 — Statuette **Nitocris**, n° 2.

PICAULT. *sculpteur.*

131 — Statuette **Renaissance**, n° 1.

CHATROUSSE. *sculpteur.*

132 — Statuette **Renaissance**, n° 2.

Réduction.

CHATROUSSE, *sculpteur*.

133 — Statuette **Moyen Age**, n° 1.

Emile HÉBERT, *sculpteur*.

134 — Statuette **Moyen Age**, n° 2.

Emile HÉBERT, *statuaire*.

135 — Statuette **Rébecca**.

LANSON, *sculpteur*.

136 — Statuette **Coquetterie**.

DUMAIGE, *sculpteur*.

137 — Groupe **Secret**, n° 1.

DUMAIGE, *sculpteur*.

138 — Groupe **Secret**, n° 2.

DUMAIGE, *sculpteur*.

139 — Groupe **Calypso.**

DUMAIGE, *sculpteur*.

140 — Groupe **Psyché.**

DUMAIGE, *sculpteur*.

141 — Groupe **Didon.**

DUMAIGE, *sculpteur*.

142 — Groupe **Inspiration musicale.**

SCHŒNWERCK, *sculpteur*.

143 — Groupe **Comédie.**

DE BLÉZER, *sculpteur*.

144 — Groupe **Chancelier de l'Hospital.**

SALMSON, *sculpteur*.

145 — Groupe **Malherbe.**

SALMSON, *sculpteur*.

146 — Statuette **Danseur napolitain**, n° 1.

CALMELS, *sculpteur*.

147 — Statuette **Danseur napolitain**, n° 2.

CALMELS, *sculpteur*.

148 — Statuette **Pifféraro**, n° 1.

CALMELS, *sculpteur*.

149 — Statuette **Pifféraro**, n° 2.

CALMELS, *sculpteur*.

150 — Statuette **Joueur de flûte**, n° 1.

CALMELS, *sculpteur*.

151 — Statuette **Joueur de flûte**, n° 2.

CALMELS, *sculpteur*.

152 — Groupe **Danse de Mai**.

DUMAIGE, *sculpteur*.

153 — Groupe **Cornélie.**

H. DUMAIGE, *sculpteur.*

154 — Groupe **Nydia.**

SALMSON, *sculpteur.*

155 — Groupe **Nissia.**

DUMAIGE, *sculpteur.*

156 — Groupe **Art étrusque.**

AIZELIN, *sculpteur.*

157 — Groupe **Salmacis.**

Ancien.

158 — Groupe **Amalthée**, n° 1.

JULIEN, *sculpteur.*

159 — Groupe **Amalthée**, n° 2.

JULIEN, *sculpteur.*

160 — Statuette **Baigneuse**.

ALLEGRAIN, *sculpteur*.

161 — Statuette **Vénus Marine**.

162 — Statuette **Bacchante à la grappe**.

MARIN, *sculpteur*.

163 — Statuette **Baigneuse**.

FALCONNET, *sculpteur*.

164 — Statuette **Joueuse de cymbales**.

Attribuée à Falconnet.

Moulage sur biscuit ancien.

165 — Statuette **Vénus**.

JEAN DE BOLOGNE, *sculpteur*.

166 — Statuette **Géométrie**.

JEAN DE BOLOGNE, *sculpteur*.

167 — Groupe **Bubastis** (Chat égyptien).

PICAULT, *sculpteur*.

168 — Statuette **Mercure**.

JEAN DE BOLOGNE, *sculpteur*.

169 — Groupe **Moïse**.

MICHEL-ANGE.

170 — Groupe **Centaure et Amour**.

Moulage sur biscuit.

171 — Statuette **Satyre à la flûte**.

Ancien.

172 — Deux Statuettes **Esclaves**.

Attribuées à Falconnet.

Moulages sur biscuits anciens.

173 — Groupe **Enfant à l'oiseau**.

174 — **Hermès flûteur**.

Antique, British Muséum.

175 — Sphynx égyptien.

PIGAULT, *sculpteur*.

176 — Groupe **Dieu japonais** sur un poisson.

Moulage sur ancien.

Collection Cernuschi.

177 — Groupe **Confucius**.

Moulage sur ancien.

178 — Groupe **Chéou-Lao** (Dieu japonais).

Moulage sur ancien.

179 — Groupe **Taureau assyrien**.

Modelé au Louvre par JUSSERAND, *sculpteur*, élève des Beaux-Arts.

180 — Statuette **Vénus de Milo**, n° 1.

Antique.

181 — Statuette **Vénus de Milo**, n° 2.

Antique.

182 — Groupe **Penseur**, n° 1.

MICHEL-ANGE.

183 — Groupe **Penseur**, n° 2.

MICHEL-ANGE.

184 — Statuette **Silène de Naples**.

Au Musée de Naples.

185 — Statuette **Diane Chasseresse**, n° 1.

Antique.

186 — Statuette **Diane Chasseresse**, n° 2.

Antique.

187 — Statuette **Diane de Gabies**, n° 0.

Antique.

188 — Statuette **Diane de Gabies**, n° 1.

Antique.

189 — Déesse **Pacht**, n° 1.

Musée égyptien.

190 — Déesse **Pacht**, n° 2.

Musée égyptien,

191 — Groupe **Cérès assise**.

Antique.

192 — Groupe **Gladiateur mourant**.

Vente Eck et Durand, fondeurs.

193 — Statuette **Minerve**.

Antique.

194 — **Taureau antique**.

Antique.

195 — Trois Statuettes **Pallas-Athènes**.

Antique.

196 — Deux Statuettes **Thésée.**

Antique.

197 — Deux Statuettes **Jupiter. Antiques.**

198 — Statuette **Abondance.**

Brisson, *sculpteur*.

199 — Groupe **Hercule et Lion de Némée.**

200 — **Héron.**

Arson, *sculpteur*.

201 — Groupe **Tiercelet et Mulot.**

Arson, *sculpteur*.

202 — Groupe **Chameau de la Perse.**

Barye, *sculpteur*.

203 — Groupe **Cheval percheron.**

BARYE, *sculpteur*.

204 — Groupe **Constantine et son poulain.**

LENORDEZ, *sculpteur*.

205 — Groupe **Percheron et Poney.**

LENORDEZ, *sculpteur*.

206 — Groupe **Voltaire** (non terminé).

HOUDON, *statuaire*.

207 — Groupe **Grec à cheval.**

208 — Statuette **Flore**, n° 1.

209 — Statuette **Flore**, n° 2.

210 — Statuette **Cléopâtre**.

> Deux modèles, un pour la figure nue, l'autre
> pour celle drapée.

211 — Statuette **Aspasie**.

DIVERS

---

212 — Porte-Cartes **Pandore**.

> Avec une seconde vasque pour coupe et réduc-
> tion de la médaille.
>
> LEVILLAIN, *sculpteur*.

213 — Miroir à **Buste**.

> ROBERT frères. *sculpteurs*.

214 — Buire **Hirondelles** et bobêche pour flambeau.

215 — **Amphore**, n° 2.

> Et addition pour **Amphore**, n° 1.
>
> BRISSON et ROBERT frères, *sculpteurs*.

216 — Mortier **Diane**.

(Musée Sauvageot).

Copié et modelé au Louvre, par RINGEL, *sculpteur*.

217 — Pied **Porte-Bijoux Héron**.

DINÉE, *sculpteur*.

218 — Monture **Japonaise à fleurs**,

Pour lampe.

DINÉE, *sculpteur*.

219 — Monture **Japonaise à têtes**.

Pour lampe.

LEMAINE, *sculpteur*.

220 — Monture **Japonaise pied lobé**.

Pour lampe.

LEMAINE, *sculpteur*.

221 — Garniture de grande Potiche à **Têtes d'Eléphant**, n° 1.

LEMAINE, *sculpteur*.

222 — Coupe **Pivoines**, n° 1.

223 — **Porte-Allumettes Email** et plateau ; avec pied Coignassier, faisant support du plateau comme baguier.

> Lièvre, *dessinateur*.
> Robert frères, *sculpteurs*.

224 — Bonbonnière **Bambou**.

> Pièce pour émail.

> Rorert frères. *sculpteurs*.

225 — Baguier **Email**.
Vase **Email**.

> (Même ceinture pour les deux) et addition d'une ceinture, n° 1.

> Robert frères, *sculpteurs*.

226 — Brûle-Parfums **Fo**, avec émail.

> Dinée, *sculpteur*.

227 — Bonbonnière **Persane**.

> Balthazar, *sculpteur*.

228 — Croix **Byzantine**.

P. Lièvre, *dessinateur*.

229 — Baguier **Palmettes** (Email) avec addition d'un second support à pied de biche.

J. Lièvre, *dessinateur* de l'émail.
Robert frères, *sculpteurs*.

230 — Plaque et support pour **Bras, Louis XVI**.

Robert frères, *sculpteurs*.

231 — Chapiteau et embase pour colonne **Alhambra**.

232 — **Deux Embases** dont une non terminée.

233 — Griffe **Louis XIV**, pour embase marbre.

Robert frères, *sculpteurs*.

234 — Garniture de foyer **Mazarin**.

Th. Brisson, *sculpteur*.

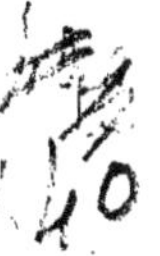

235 — Cartel **Louis XIV.**

Moulage sur ancien.

236 — **Garniture pour Meuble.**

Style grec.

237 — Cachet **Hiver.**

238 — Cachet **Isis.**

239 — Bénitier **Ange.**

240 — Pied **Bracelet.**

241 — Pied **Capsule grecque.**

Brisson, *sculpteur*.

242 — Buire **Hirondelles**, n° 2.

(Non terminée).

243 — Encrier **Sphynx** et petit Vase.

Style Egyptien.

(Non terminé).

Picault, *sculpteur*.

244 — **Lampadaire**.

Brisson. *sculpteur*.

—

BUSTES

—

245 — Buste **Sémiramis**, n° 1.

Emile Hébert, *sculpteur*.

246 — Buste **Sémiramis**, n° 2.

Emile Hébert, *sculpteur*.

247 — Buste **Sémiramis**, n° 3.

Emile Hébert, *sculpteur*.

248 — Buste **Danseuse égyptienne**. n° 0.

FALGUIÈRE, *sculpteur*.

249 — Buste **Bernardino Cenci**.

DEGEORGE, *sculpteur*.

250 — Buste **Rose de Mai**.

H. DUMAIGE, *sculpteur*.

251 — Buste **Chloé**.

H. DUMAIGE, *sculpteur*.

252 — Buste **Isis**.

Emile HÉBERT, *sculpteur*.

253 — Buste **Ramsès**.

Emile HÉBERT, *sculpteur*.

254 — Buste **Isis**, n° 1.

Moulage plâtre sur marbre (non exécuté).

Emile HÉBERT, *sculpteur*.

255 — Buste **Ramsès**, n° 1.

> Moulage plâtre sur marbre (non exécuté).
> Emile HÉBERT, *sculpteur*.

256 — Buste **Junon**.

> DUMAIGE, *sculpteur*.

257 — Buste **Dubarry**.

> PAJOU.

258 — Buste **Printemps**.

> CLODION.

259 — Buste **Diane de Poitiers**, n° 1.

> JEAN GOUJON.

260 — Buste **Diane de Poitiers**, n° 2.

> JEAN GOUJON.

261 — Buste **Marie-Antoinette**, n° 1.

262 - Buste **Marie-Antoinette**, n° 2.

263 — Buste **Homére**.

264 — Buste **Molière.**

> Houdon, *sculpteur.*

265 — Buste **Voltaire.**

> Houdon, *sculpteur.*

266 — Buste **Pompadour.**

> Chatrousse, *sculpteur,*

267 — Buste **Trophonius**, n° 1.

> Musée Assyrien.
>
> Restitution d'Émile Hébert, *sculpteur.*

268 — Buste **Trophonius**, n° 2.

> Antique.

269 — Buste **Lucius Vérus**. n° 1.

Antique.

270 — Buste **Lucius Vérus**, n° 2.

Antique.

271 — Buste **Plotine**.

Antique.

272 — Buste **Apollon**, n° 1.

Antique.

273 — Buste **Apollon**, n° 2.

Antique.

274 — Buste **Diane chasseresse**, n° 1.

Antique.

275 — Buste **Diane chasseresse**, n° 2.

Antique.

276 — Buste **Caracalla**, n° 1.

Musée du Louvre.

Antique.

277 — Buste **Caracalla**, n° 2.

Musée du Louvre.

Antique.

278 — Buste **Caligula**, n° 1.

Restitution par H. DUMAIGE, *sculpteur*.

279 — Buste **Caligula**, n° 2.

Restitution par H. DUMAIGE, *sculpteur*.

280 — Buste **Ajax**, n° 1.

Antique.

281 — Buste **Ajax**, n° 2.

Antique.

282 — Buste **Bacchus**, n° 1.

Antique.

283 — Buste **Bacchus**, n° 2.

Antique.

284 — Buste **Ariane**, n° 1.

Antique.

285 — Buste **Ariane**, n° 2.

Antique.

286 — Buste **Cariatide**, n° 2.
Buste **Cariatide**, plâtre, n° 1 (non édité).

Antique.

287 — Buste **Mercure**.

Antique.

288 — Buste **Mars**.

Musée de Naples.

Antique.

289 — Buste **Platon**.

Antique.

289 *bis* — Buste **Henri IV** enfant.

VASES

—

290 — Vase **Bacchus indien**, n° 1.

    Robert frères, *scuplteurs*.

291 — Vase **Bacchus indien**, n° 2.

    Robert frères, *sculpteurs*

292 — Vase **Bacchus indien**, n° 3.

    Robert frères, *sculpteurs*.

293 — Vase **Corinthe**, n° 1.

    Brisson, *sculpteur*.

294 — Vase **Corinthe**, n° 2.

    Brisson, *sculpteur*.

295 — Vase **Soscibius**, n° 1, et collet pour lampe.

296 — Vase **Soscibius**, n° 2.

297 — Vase **Druides** et collet pour lampe.

Robert frères, *sculpteurs*.

298 — Vase **Hymen**, pour marbre et cuivre, et pièces pour lampe.

Robert frères, *sculpteurs*.

299 — Vase **Têtes de béliers**, n° 1.

Brisson, *sculpteur*.

300 — Vase **Combat de coqs**, n° 1.

Ringel, *sculpteur*.

301 — Vase **Combats de coqs**, n° 2.

Ringel, *sculpteur*.

302 — Vase **Combat de coqs**, n° 3.

Ringel, *sculpteur*.

303 — Vase **Lécythus athénien**.

RINGEL, *sculpteur*.

304 — Vase **Lépante**.

RINGEL, *sculpteur*.

305 — Vase **Godrons**, n° 1.

306 — Vase **Godrons**, n° 2.

307 — Vase **Godrons**, n° 3.

308 — Vase **Neptune**, n° 1.

RINGEL, *sculpteur*.

309 — Vase **Neptune**, n° 2.

RINGEL, *sculpteur*.

310 — Vase **Tragique**.

Ringel, *sculpteur*.

311 — Vase **Génies**.

Ringel, *sculpteur*.

312 — Vase **Têtes de Satyres**.

Ringel, *sculpteur*.

313 — Vase **Nolla**.

Ringel, *sculpteur*.

314 — Vase **Deux Bandes**.

Ringel, *sculpteur*.

315 — Vase **Feuillages**.

Levillain, *sculpteur*.

316 — Vase **Flûteur**.

Levillain, *sculpteur*.

317 — Vase **Ducerceau**.

Brisson, *sculpteur*.

318 — Vase **Phidias**.

Robert frères, *sculpteurs*.

319 — Vase **Têtes de lion** et collet pour gaz.

Robert frères, *sculpteurs*.

320 — Vase **Dauphine**.

321 — Vase **Assyrien**.

Robert frères, *sculpteurs*.

322 — Vase **Bacchantes Clodion**, n° 1.

Ancien.

323 — Vase **Bacchantes Clodion**, n° 2.

Ancien.

324 — Vase têtes de **Sanglier**.

(Versailles).

325 — Vase **Zodiaque**.

(Versailles).

326 — Vase **Têtes de loup**.

(Versailles).

327 — Vase **Clodion Faune et Faunesse**.

Ancien.

328 — Vase **Naissance de Bacchus**.

Ancien.

329 — Vase **Clodion** (Enfants).

Ancien.

330 — Vase **Indien**.

(Collection Sauvageot).

Vente ECK et DURAND.

331 — Vase **Bacohus**.

ROBERT frères, *sculpteurs*.

332 — Vase **Secret**, émail et pour marbre.

ROBERT frères, *sculpteurs*.

333 — Vase **Cygnes.**

RINGEL, *sculpteur*.

334 — Vase **Albani**.

335 — Vase **Syrien**, émail.

336 — Vase **Chêne.**

337 — Vase **Laurier.**

338 — Vase **Héron.**

339 — Vase **Zodiaque égyptien.**

Picault, *sculpteur.*

340 — Vase **Cyprins.**

Avec modèle pour émail et pièces pour lampe.

341 — Vase **Taïcoun.**

Collection Cernuschi.

Restitution par Robert frères, *sculpteurs.*

342 — Vase **Dragons japonais.**

Moulage sur bronze ancien.

343 — Vase **Chinois.**

Brisson, *sculpteur.*

344 — Vase **Yeddo.**

Et pièces pour lampe.

Coupri, *sculpteur.*

345 — Vase **Têtes d'éléphant.**

Avec modèles d'émaux.

R. Dinée, *sculpteur.*

346 — Vase **Kirin.**

LEMAINE, *sculpteur*.

347 — Vase **Cratère à masques.**

(Musée du Louvre).

Antique.

348 — Vase **Cratère**, n° 1.

Antique.

349 — Vase **Cratère**, n° 2.

Antique.

350 — Vase **Bacchanale.**

Antique.

351 — Vase **Bachique.**

(Musée de Vienne).

Restitution par ROBERT frères, *sculpteurs*.

352 — Vase **Médicis.**

Ancien.

353 — Vase **Antique à lierres.**

Antique.

COUPES

---

354 — Coupe **Hymen.**

Robert frères. *sculpteurs.*

355 — Coupe **Memphis,**

Picault. *sculpteur.*

356 — Coupe **Ceinture émail,** n° 1.

Avec culot pour suspension émail

Robert frères, *sculpteurs.*

357 — Coupe **Ceinture Email,** n° 2.

Robert frères, *sculpteurs.*

358 — Coupe **Cyprins.**

Dinée, *sculpteur.*

359 — Coupe **Syracuse**, n° 1.

    Robert frères. *sculpteurs*.

360 — Coupe **Syracuse**, n° 2.

    Robert frères, *sculpteurs*.

361 — Coupe **Trépied-Lion**.

    Robert frères, *sculpteurs*.

362 — Trépied **Bois** et Porte-fleurs, feuilles grecques.

    Robert frères, *sculpteurs*.

363 — Coupe **Latone**.

    Levillain, *sculpteur*.

364 — Coupe **Rython**.

    Robert frères, *sculpteurs*.

365 — Coupe **Serpents**.

    Robert frères, *sculpteurs*.

366 — Coupe **Japonaise**.

BRISSON, *sculpteur*.

367 — Coupe **Anses à lierres**.

Coupe Culot

368 — Coupe **Médailles**.

369 — Coupe **François-Briot**.
Anse pour Coupe **Renaissance**.
Bouton pour Coupe **Henri II**, marbre.

FRANÇOIS-BRIOT, *sculpteur*.

370 — Coupe **Hirondelles**.

371 — Coupe **Fables** et **Atlas**.

BRISSON et ARSON, *sculpteurs*.

372 — Coupe **Achille**.

Médaille antique.

373 — Coupe **Palmettes**.

BRISSON, *sculpteur*.

374 — Coupe **Anacréon**.

BRISSON, *sculpteur*.

375 — Coupe **à Grecque à jour**.

BRISSON, *sculpteurs*.

376 — Coupe **Lianes**.

377 — Coupe **Pirouettes**.

378 — Coupe **Renaissance à culot**.

BRISSON, *sculpteur*.

379 — Coupe **Panthères**.

ROBERT frères, *sculpteurs*.

380 — Coupe **Adoration des bergers.**

Coupe **Oiseaux.**

381 — Coupe **Adoration des Mages.**

Va avec le n° 380.

382 — Coupe **Médaillier.**
Coupe **Vulcain.**
Coupe **Noces de Pelée.**

Vente ECK et DURAND.

383 — Coupe petite, **Panthères**, ovale.

384 — Coupe **Campana.**

Avec figure Thyrse faisant milieu.

Emile HEBERT, *statuaire.*
BRISSON, *ornemaniste.*

385 — Coupe **Anse Olives.**

386 — Vasque **Anses serpents.**

387 — Grande Vasque pour **Coupe Louis XVI.**

388 — Coupe **Hercule.**

TRÉSOR DE HILDESHEIM.

389 — Coupe **Minerve.**

TRÉSOR DE HILDESHEIM.

390 — Coupe **Guirlandes.**

TRÉSOR DE HILDESHEIM.

391 — Coupe à **six Masques.**

TRÉSOR DE HILDESHEIM.

392 — Coupe à une **Anse.**

TRÉSOR DE HILDESHEIM.

393 — Coupe à **trois Griffes.**

TRÉSOR DE HILDESHEIM.

394 — Coupe **Lierres en relief**, n° 1.

Trésor de Hildesheim.

395 — Coupe **Lierres en relief**, n° 2.

Trésor de Hildesheim.

396 — Coupe à **Feuilles d'olivier**.

Trésor de Hildesheim.

397 — Vase à **dix Masques**.

Trésor de Hildesheim.

398 — Vase à **quatre Masques**.

Trésor de Hildesheim.

399 — Cendrier à **Fruits**.

Trésor de Hildesheim.

400 — Cendrier à **Oiseaux**.

Trésor de Hildesheim.

401 — Coupe **Cybèle**.

TRÉSOR DE HILDESHEIM.

402 — Coupe **Deus-Lunus**.

Va avec le n° 401.

TRÉSOR DE HILDESHEIM.

403 — Grand **Cratère**.

TRÉSOR DE HILDESHEIM.

404 — **Hanap**.

TRÉSOR DE HILDESHEIM.

405 — Deux Manches de patères.

Pour **Miroirs**.

TRÉSOR DE HILDESHEIM.

TORCHÈRES, TRÉPIEDS, TABLES

406 — Torchère **Printemps** avec bouquet.

ROBERT frères, *sculpteurs*.

407 — Torchère **Henri II**.

ROBERT frères, *sculpteurs*.

408 — Table **Canton**.

LEMAINE, *sculpteur*.

409 — Trépied **Campana**.

Avec additions pour jardinière et pour cache-pot.

ROBERT frères, *sculpteurs*.

410 — Trépied **Antique**.

Avec addition de pièces pour torchère.

ROBERT frères, *sculpteurs*.

411 — Lampadaire **Grec Porte-Fleurs**.

412 — Table **Antique**.

LEVILLAIN, *sculpteur*.

413 — Table **Osiris**.

PICAULT, *sculpteur*.

414 — Guéridon Grec.

Avec buste **Osiris** pour coupe.

415 — Trépied Pompéi.

Antique (Musée du Louvre).

JARDINIÈRES

---

416 — Jardinière Mascarons.

Avec modèles d'émaux.

Robert frères, *sculpteurs.*

417 — Jardinière Chinoise.

Avec modèles d'émaux.

Robert frères, *sculpteurs.*

418 — Jardinière Canton.

Avec modèles d'émaux.

R. Dinée, *sculpteur.*

419 — Jardinière **Syracuse**.

LEVILLAIN, *sculpteur*.

420 — Cache-Pot **Pompéi**.

Avec addition de piéces pour coupe.

ROBERT frères, *sculpteurs*.

BOUTS-DE-TABLE ET FLAMBEAUX

421 — Flambeau **Henri II**.

ROBERT frères, *sculpteurs*.

422 — Flambeau **Ducerceau**.

ROBERT frères, *sculpteurs*.

423 — Flambeau **Mazarin**.

BRISSON, *sculpteur*.

424 — Flambeau **Bijou**.

Avec modèles d'émaux.

Dessin de J. LIÈVRE.

ROBERT frères, *sculpteurs*.

425 — Flambeau **Gaîne**.

ROBERT frères, *sculpteurs*.

426 — Flambeau **Platon**.

LEVILLAIN. *sculpteur*.

427 — Flambeau **Psyché**.

LEVILLAIN, *sculpteur*.

428 — Flambeau **Balustre**.

Avec modèles d'émaux.

ROBERT frères, *sculpteurs*.

429 — Flambeau **Dauphine**.

Avec modèles d'émaux.

430 — Flambeau **Renaissance**.

431 — Flambeau **Lys**.

432 — Flambeau **Egyptien**.

LEVILLAIN, *sculpteur*.

433 — Flambeau **Mûres**.

434 — Flambeau **Oiseaux**.

435 — Flambeau **Dragon**.

R. DINÉE, *sculpteur*.

436 — Flambeau **Mikado**.

R. DINÉE, *sculpteur*.

437 — Flambeau **Nuit**.

Ancien.

438 — Flambeau **Passion**.

Ancien

439 — Flambeau **Louis XVI**, ancien.

440 — Flambeau **Louis XIV** (non terminé).

Ancien.

441 — Flambeau **Louis XVI** à têtes.

Ancien.

442 — Flambeau **Louis XIV** à fleurs.

Ancien.

443 — Bout-de-Table et Flambeau **Comédie antique.**

444 — Bout-de-Table **Fleurons.**

Robert frères, *sculpteurs.*

445 — Bout-de-Table **Maïs.**

446 — Bout-de-Table **Epis**.

ROBERT frères, *sculpteurs.*

447 — Bout-de-Table **Louis XVI**, ancien.

LUSTRES ET VEILLEUSES

—

448 — Lustre **Henri II**, 30 lumières.

ROBERT frères, *sculpteurs.*

449 — Lustre **Louis XVI**, 18 lumières.

ROBERT frères, *sculpteurs.*

450 — Lustre **Grec**, 21 et 42 lumières.

ROBERT frères, *sculpteurs.*

451 — Veilleuse **Renaissance**.

ROBERT frères, *sculpteurs.*

452 — Veilleuse **Grecque**.

ROBERT frères, *sculpteurs.*

BAS-RELIEFS, MÉDAILLES, ÉMAUX
MONTURES JAPONAISES POUR COUPES
MONTURÉS DE PENDULES, GRIFFES
DIVERS, ETC.

453 — Un Bas-relief, **Age d'Or** (d'après Flaxmann).
Un Masque **Antique.**
Deux Têtes **Antiques**, sans fond.

Emile Hébert, *sculpteur.*

454 — Un Bas-relief **Triomphe d'Auguste.**
Une Médaille **César.**

455 — Deux Bas-reliefs **Panathénées.**

456 — Sept Bas-reliefs **Grecs.**
Deux Bas-reliefs, **Louis XVI.**

457 — Cinq Bas-reliefs **Parthénon.**

458 — Un lot de sept Médaillons :
Un Médaillon **Charles IX.**
Un Médaillon **Henri II.**
Un Médaillon **Catherine de Médicis.**
Un Médaillon **Henri IV.**
Un Médaillon **Noces de Pelée.**
Un Médaillon **Entrée de Henri IV à Paris.**
Un Médaillon **Lion helvétique.**

Vente Eck et Durand.

459 — Un Médaillon **Sagesse** (étrusque).

460 — Seize Médailles pour fonds de coupes.

461 — Une Médaille **Taureau antique.**
Une Médaille **Persée.**

462 — Une Médaille **Aurore.**
Une Médaille **Idylle.**

463 — Deux Appliques pour **Email.**
Très fines de détail.

464 — Un Médaillon pour émail, **Oiseaux mandarins.**
Pour fond de coupe.

465 — Deux Appliques pour émail.

Un centre pour émail pour cadran.

466 — Deux Jetons } préparés pour émail.
Deux Fiches }

Jeu d'**Écarté** et de **Whist**.

467 — Deux Appliques } préparées pour émail.
Deux Pirouettes }

468 — Une Bande **Byzantine**.

Une Bande pour encrier et couvercle.

Préparées pour émail.

469 — Cinq Appliques et centre de cadran.

Préparés pour émail.

470 — Deux Poucettes } **Japonais**.
Deux Patins }

471 — Deux Têtes d'**Éléphant**.

472 — Six Bandes **Bambou** (Japonais).

Deux Patins **Bambou** (Japonais).

473 — Deux Montures **Japonaises,** pour coupes.

Deux Poucettes, deux Patins, trois Cercles.

474 — Deux Têtes d'**Éléphant** (petites).

Un Cercle.

Six Pièces (Montants et Patins, style japonais).

475 — Trois Pièces **Japonaises.**

Pour monture à pans.

476 — Monture **Japonaise** pour assiette.

477 — Deux Branches **Coignassier japonais** et bobêche.

Pour monture de perdrix émail.

478 — Une Draperie et un ruban **Louis XVI.**

479 — Guirlandes et Griffes **Patères**.

480 — Deux Moulures carrées.

Deux Angles **Renaissance**.

481 — Six Moulures Sabots et Patère, pour pendule

Coffret.

482 — Six Griffes **Palmettes**.

483 — Six Angles à **Griffes**.

LEVILLAIN, *sculpteur*.

484 — Embase pour pièce marbre, trois patères et un

anneau.

485 — Trois Têtes d'**Aigle** et une tête **Chimère**.

486 — Quatre Griffes **Renaissance**.
    Une Guirlande de **Fruits**.

487 — Deux Guirlandes **Fleurettes** et un Pendentif.

488 — Un Chapiteau **Corinthien**.
    Un Corps de vase **Médicis** (Petit).
    Quatre pièces Guirlandes et Couronnes d'**Epis**.

489 — Monture pour plateau **ovale**.

490 — Deux Gorges pour Colonne **Dorique**.
    Un Carré Griffes de **Lion** et angle à **Feuilles**, par
        Levillain.

491 — Deux Enfants **Saisons**.

492 — Une Figure **Atlas**, n° 1.
    Un **Sphynx**.
    Un Buste (Petit).

493 — Douze Cadrans.

494 — Cinq   Lunettes.
      Quatre Cadrans.
      Quatre Centres.

495 — Trois Lunettes et Cadrans **Egyptiens.**
      Une grande Lunette et son Cadran.

496 — Motifs pour pendule et pied **Taureau.**
      Robert frères, *sculpteurs.*

497 — Une Garniture pendule **Trophée.**
      Surmoulé d'ancien.
      Modèle non terminé.

498 — Un Vase pour émail (non terminé).

499 — Un Chenet (non terminé).
      Moulage sur ancien.

500 — Un Vase **Naissance de Bacchus**

1re grandeur (non terminé).

501 — Un Bras **Grec** (non terminé).

502 — Sept Moulures pour pendules.

Deux Demi-Cercles pour coupes.

503 — Deux Anses pour coupe et vase et quatre Têtes de lion.

504 — Deux Coupes rondes unies.

Une Coupe ovale unie.

505 — Un Lot d'embases carrées et à 8 pans.

506 — Un Lot de Patins unis et ciselés

507 — Un Lot de patins et pièces pour encriers et pieds.

503 — Un Lot d'Unis, 13 kilog.

Ve RENOU, MAULDE et COCK, impr. de la Compagnie des Commissaires-Priseurs.
rue de Rivoli 144.   26169